거기서부터 사랑을 시작하겠습니다

변희수 시집

시인동네 시인선 128   변희수 시집

거기서부터 사랑을 시작하겠습니다

시인동네

시인의 말

내용이 뭔데. 너는 물었다. 나는 그것을 들여다보고 있고 그것에 대해서는 전혀 〈아는 바 없음〉 아무 〈할 말 없음〉 고백을 하려는데 습관적인 슬픔이 찾아왔다.

2020년 5월
변희수

차례

시인의 말

제1부

열람 · 13

새는 어디에 있습니까 · 14

자활 · 16

장소성 · 18

또 한 사람 · 20

입양 · 21

연연하면 연연하게 됩니다 · 22

상자의 뜻 · 24

흰 꽃이 올 때 · 26

눈사람 · 28

후기 · 30

개척 · 31

오렌지 창고 · 32

요가 하는 사람 · 34

장미의 기분 · 36

화탁(花卓) · 37

관리의 차원 · 38

해바라기 · 40

가정식 · 41

이후 · 42

제2부

그동안 · 45

동선 · 46

거기서부터 쓸쓸 · 48

면의 산책 · 50

휴가 · 52

연민 · 53

최소한의 질문 · 54

개를 아십니까? · 56

목소리 A · 58

상강 · 60

결혼식 · 61

하나의 세계관을 가진 것처럼 · 62

나의 두 번째 사람 · 64

해인사 · 66

기러기 · 68

무화과도 호두도 아닌 · 69

해변 · 70

경주 · 72

상황 A · 74

제3부

순환선 · 77

초콜릿 · 78

미식회 · 80

목소리 a · 82

반(半)의 마음 · 83

염소의 들판 · 84

종교의 이해 · 86

무밭 · 88

이끼 · 89

커튼콜처럼 · 90

주인공 · 92

야채가게에 갑니다 · 94

후드티를 생각하는 계절 · 95

전전과 긍긍 · 96

울진 금강송 · 98

그리스 · 99

시간은 모두 어디에 고여 있나 · 100

건필을 빕니다 · 102

수국 · 104

해설 다시, 사랑이 시작되기까지 · 105
      이정현(문학평론가)

제1부

열람

백 년 동안 도서관이라고 했다
늙은 은행나무 옆에 어린 사과나무가 있었다

오늘의 일이라고
사과나무는 꽃을 피워서
흰빛을 막 넘기려 하고 있었다

씨앗도 생기고 꼭지도 생길 거야,

흰빛을 엿듣는 푸른 귀가 있어
세상 모든 중심이 꽃으로 몰렸다

열람실의 흰 손들이 페이지를 넘기고 있었다

백 년 동안이라고 했다

새는 어디에 있습니까

새가 운다

안 보이는 곳에서
새는 새가 아니지만 새다 이런 명제는
새의 울음을 그치게 할 수 없다
새를 불러낼 수도 없다

새는 어디에 있습니까
추측할 수 있습니까

당신은, 새를 키우고 있는 사람입니까
새를 잡으러 갔다가 돌아오지 못하는 사람입니까

 날아가고 있는 새를 보았다 새의 한계를 보았다 새를 보지 않고 새만 보았다 오직 새만 바라보았는데

 허공을 참 많이 닮았습니다

없는 새를 날려 보낼 수 있겠습니까

모든 것이 새 때문이라고
나는 구름 속에 부리를 묻고 울었다
깃털을 적시며 울었다

가장 높은 곳을 생각하며
날 수 없는 곳에 오래도록 떠 있었다

날개도 없는데
난해한 문장들이 자꾸 떠올랐다
그만 멈추고 싶었지만
그럴 수는 없었다

자활

움푹한 그늘에 얼굴을 묻고
자기 팔로 자기를 껴안던 사람이 있었다

그는 자족을 잘 아는 사람같이
곧잘 다행이야, 라고 말했다

쇄골이 너무 깊어서
그곳으로만 떨어지는 표정이 생기고
절벽을 타고 있는 어린양들의 놀이터처럼

그 사람의 어깨에는
연하고 보드라운 숨이
풀처럼 돋아났다

너무 자주 자기 팔로 자기를 껴안아서
자기 밖으로는 잘 나오지 않았지만

그 사람 곁에서 그 사람이 조용히 자라고 있었다

＞

이미 다 알고 있는 것처럼

관자놀이의 푸른 맥이 그 사람의 가장 바깥에서

뛰어놀고 있었다

장소성

길을 잃고
같은 장소를 오래 맴돌았다

낯선 장소에 가보면 낯선 사람들이 많이 모여 있었는데
모두 중복되는 사람들이었다

찾는 곳은 아니었지만
겹쳐지는 곳이 있어서 서로 손을 포개며 웃었다

장소보다는 사람이 먼저 떠올랐으면 좋겠습니다

그런 말을 들은 사람으로부터는
이미 멀어져 있었는데

황급히 따라 와서
그 말이 유일하게 남은 장소입니다
그렇게 일러주는 사람이 있었다

혼자 계속 맴돌아도
그밖에 적당한 장소가 떠오르지 않아서
되돌아 가보면 이미 여러 번 지나쳤던 곳이었다

그 사람이 그 사람이라며
악수를 청해오던 사람이 서 있던 곳이었다
낙담이 오래 살았던 곳이었다

또 한 사람

하루는 나라는 사람이 찾아왔는데 내가 찾아다니고 있다는 걸 다 아는 사람이었다 안면이 있는 사람에게 나를 들킨 게 부끄러웠다 그 사람은 그냥 서로 웃을 수 있지 않겠느냐고 그럴 수 있겠느냐고 물었다 나는 똑바로 볼 면목이 없어서 가끔 뒤돌아볼 수는 있겠다고 대답했다 무슨 이윤지 모르지만 그 사람은 언젠가 내가 빌고 대신 울어줄 사람 같았다 그 사람은 눈을 감아도 사라지지 않으니까 무엇이든 숨기면 안 될 것 같았다 그 사람에게는 아무 말도 안 해도 되지만 아무 말이나 막 할 수는 없는 사람이었다 혼자 묻고 혼자 대답할 때마다 그 사람이 여전히 나를 찾아다니고 있다는 생각이 들었다 나를 너무 잘 아는 사람이 차라리 나에 대해서 전혀 모르는 사람이었으면 나에 대해서 글쎄, 라고 말하는 사람이었으면 했지만 그래도 한 사람이 있고 또 한 사람이 더 있다는 건 사람다운 것 같아서 좋았다 그 사람이 찾아오기 전에 내가 먼저 그 사람을 찾아갈 수도 있는 일이었다 충분히 그럴 수 있는 일이었다

입양

노란 싹을 밀어 올리는 양파가 있었다
감자도 아닌데 싹을 옮겨 심어주려는 사람이 있었다
눈물을 흘리며 싹싹 비는 양파가 있었다
양파를 달래려고 먼저 울던 사람이 있었다
감자 대신 꿇어앉아 벌을 서던 양파가 있었다
양파보다 더 반질반질한 무릎을 가진 사람이 있었다
양파보다 더 빨리 눈이 짓무르는 사람이 있었다
그 사람 때문에 뚝 울음을 멈추는 양파가 있었다
양파에게 보따리를 내밀던 사람이 있었다
감자들에게 양파는 하고 물어보면
저요, 저요 하고 구석이 쏟아져 나왔다
붉은 자루 속에 푸른 손이 가득 들어 있었다

연연하면 연연하게 됩니다

나뭇잎들은 새들이 날개를 사용한 흔적입니까

한 뭉치 새들이 뛰어내릴 때
낙엽이라는 이름의 새, 새라는 이름의 낙엽
거리마다 포롱포롱 몰려다닙니다

이름이 넘쳐납니다
이름 때문에 계절이 바뀌기도 합니다
새에게서 낙엽에게로

추락하는 속도에 문을 닫아주면 겨울이 생깁니다
이름을 부르면 바깥이 쌓입니다
나무의 가장 바깥을 새라고 불러봅니다

흔들리면 흔들리게 되듯
연연하면 연연하게 됩니다

나뭇잎을 구워서 바스락

새의 후렴을 만듭니다
따라가며 지저귀며 빙글빙글 돌며 가끔 손뼉 치며
다시 낙엽에서 새에게로
나무에서 시작한 이름들은 심장에서 나온 메아리 같습니다

명의를 빌리듯, 날아가며 극복하겠습니까

명징한 증거처럼, 새의 깃털이 떨어진 나무 아래서
누군가를 부르고 있는

거기서부터 사랑을 시작하겠습니다

상자의 뜻

빈 상자가 잔뜩 쌓여 있는 곳을 지날 때마다

네가 물었다
거기에 뭐가 있니, 없니?

거기에는
먼 곳의 주소가 적힌 라벨이 붙어 있고
한때 뭐가 들어 있었던 상자 앞에서

우리는 고개를 끄덕였다

보여줄 게 없어도 실망하지 않기
꺼내고 싶은 것이 있으면 있다고 믿기

아무것도 들어 있지 않은 상자들은
펼쳐서 차곡차곡 쌓아놓을 수도 있지만

거짓말이나 참말 같은 건 상자에게 잘 어울려

모서리를 잘 접어서 보낸다면
우리는 어디든 잘 도착할 것 같고
그것이 사라지지 않는 상자의 뜻일 것 같았다

입술이 열릴 때마다
무엇이 들어 있든 상자가 전하는
뜻밖의 마음이라고 믿었다

흰 꽃이 올 때

흰 꽃은 다 울고 난 다음의 꽃

지웠다거나 잊었다는 말로 다시 태어나는
순 엉터리 찬란

제 몸속의 피를 말리며 흰 꽃을 들여다보는 사람은
제 이름을 흰 꽃에다 묻으려는 사람

기억이 사라질 때까지 조용하게 부풀고 있는
빛의 봉분들

울음 뒤에 오는 울음처럼
흰색이 오는 시간

그만 하렴.
그만 하렴.

붉은 꽃들의 권유에 오래 울고 난 사람의 맑음

흰 꽃은 꽃들의 다음 얼굴

기다리는 사람은 색을 가지면 안 된다던

당신의 마지막 거짓말
그러니까 흰 꽃은 유정 무정 유정

눈사람

 녹지 않는 것이 사람이라고 말하려다가 그만 둔다 너는 얼음을 가졌고 나는 심장을 가졌다고 말하려다가 그만 둔다 어지럽게 뛰어다니는 저 개는 살아있다고 영혼에는 색깔이 있다고 말하려다가 그만 둔다

 그만 둔 말이 하얗게 쌓이고 쌓여서 우리의 입을 틀어막아 버릴 때
 드디어 한 뭉치 흰 눈이 될 때

 쌓이고 쌓인 말들은 어디로 던져야 하나요
 처음 말문이 터진 사람처럼 펄펄펄 눈은 내리고
 펄펄펄 끓어 넘치는 것이 있어서

 나는 말할 줄 아는 사람입니다 나는 이 말을 던질 줄 아는 사람입니다

 돌팔매를 던져도 피하지 않는 사람 앞에서
 퍽퍽, 차디찬 가슴에 박히는 것은 무엇인가요?

불가능한 것을 물어보려다가
차가워졌지만

나는 잘 녹지 않으니까 어쩐지 고약한 사람 같고
희고 성스러워 보이는 사람에게 다가가

눈이 부셔서 가장 먼저 녹는 사람입니까 물어보았는데
입김이 닿은 곳부터 녹아내리기 시작했다

뜨거운 침을 흘리는 개가 꼬리를 흔들었다

후기

 겨울을 편애하는 사람과 삿포로에 갔는데 여름이었다 원칙이 있는 사람처럼 겨울에는 겨울을 보고 여름에는 여름을 봐야지, 라고 말하려는데 녹지 않는 사람이었다 수국이 흔하게 피어 있는 골목을 만나면 뭉친 꽃송이를 따서 편애의 방향으로 던져주었다

 이건 겨울에서 온 커다란 물방울이야
 이건 여름의 비등점이야

 기화하는 감정에 대해 설명해주고 싶었지만 결국 아무 말도 하지 못했다 추운 지방에선 서로 다른 계절이 생겨도 안부를 물을 수 없다 흩어지는 꽃송이가 다시 한 번 눈보라로 몰려오고 나서야 후기가 되는 일이 빈번했다

개척

손에 무엇이 들려 있는지도 모른 채

새벽에 일어나 불을 켠다는 것
멀리멀리 배웅한다는 것

새벽이 쌓이고 쌓이면 묽어져서 용서받을 수 있을 것 같다

저녁이 오면, 불부터 먼저 켜야지
밝아지고 밝아지는 목소리 때문에 저물지 않을 것 같고
같다처럼 살게 되면 같아질 것 같았다

착하고 밝은 구석이 생긴다면
어두워도 좋은 사람이 될 거야

작고 오목한 샘처럼 말해주는 사람과 함께
시대가 따라 온다면
멀리까지 갈 것 같았다

오렌지 창고

그 사람의 생각이 그 사람이라면

그런 것을
나는 언제나 오렌지, 라고 말하고 싶어요

어느 쪽으로 굴러도 어색하지 않는 오렌지가
나의 오렌지라면

오렌지가 오렌지에게 거는 말로
나는 인사를 하죠

나는 오늘의 오렌지를 고릅니다
눈 감으면 타오르는 나의 숲을
그냥 오렌지 하나를 고른 것과는 전혀 다른 오렌지를

여기까지가 내가 고른 생각이라면
여기까지 데굴데굴 굴러온 것들이
여기 왜 이렇게 잔뜩 쌓여 있는지

오렌지 하나가 오렌지 하나를 찾고 있듯

고민이 많아서 노란 오렌지가
오렌지에게

물어보고 싶어요,
구르다가 멈추면 딸꾹질이 날 것 같은데
방금 내가 집어 든 것이 무엇인지

아무 생각 없이
한쪽 눈을 찡그리게 한 것들이
새삼새삼 시큼한 변명들이

왜 울퉁불퉁한 머리통들인지

요가 하는 사람

아치형의 자세를 유지할 수 있다고
너는 건설한 몸을 보여주었다

나는 두 개의 팔 속에서
거꾸로 쏟아지는 머리카락들이
교각 사이에 흔들리는
버들잎 같다고 말해주었다

다리를 건너서 어디론가 갈 것처럼
너는 상부와 하부가 하나로 연결되는 기쁨

언젠가 해인사 가을 홍류동을 건너다가 발견한
아름다운 곡선
다리를 허물며 너는
아치형이 자랑스럽다고 했다

이제는 무너져도 울지 않아

>

쌓는 기쁨과 무너지는 기쁨을 동시에 알고 있는 것처럼
저쪽 계곡에서 이쪽 계곡으로 건너온 사람의
얼굴에 홍조가 돌았다

어서 와,

그렇게 손짓하면 붉게 물든 귓속으로
차고 맑은 가을 물소리가 따라왔다

힘줄이 선명한 다리 위로
푸른 이끼가 자라고 있었다

장미의 기분
― 영원한 그림자 너는 어리석게 배회할 거야*

장미를 따라 걸으면 뻗어가는 기분이 든다

한 번은 웃을 수 있을 것 같다
한 번은 불러낼 수 있을 것 같다
한 번은 붉을 수 있을 것 같다

꽃잎 위에 얼굴을 얼굴 위에 꽃잎을
겹치고 겹쳐서 빨강이 되었나
성냥을 든 아가씨처럼
장미 가까이에 얼굴을 대어본다

확 그을 수 있을 것 같은데

타오르는 청동의 줄기 끝
넘볼 수 없는 베르사유의 유물

---

*페르난두 페소아.

화탁(花卓)

그때 꽃나무 앞에 서 있었을 때

화관 대신 당신이 손바닥에 한 송이 꽃을 올려 주었을 때

내가 고개를 끄덕였을 때

바람이 불어 손가락을 조금 오므렸을 때

꽃의 둘레와 꽃의 수심이 다시 생겨나 핏빛이 고였을 때

축축한 손바닥에 비리고 무른 꽃잎이 남았을 때

우리가 엉겁결에 핏덩이를 받아 안았을 때

관리의 차원

똑똑 벽을 타고 물이 새고 있었다. 스며 나오는 물기를 닦아 내고 있던 사람이 그나마 피가 아니라서 다행이야, 라고 했다. 대신 이마가 벽지처럼 푸르스름하게 젖어 있었다.

똑똑 아래층 사람이 올라가고
똑똑 위층 사람이 내려올 때

물은 왜 거기서 딱 멈추지 않습니까. 정맥혈이 희미하게 비치는 사람의 표정이 벽처럼 굳어 있었다.

물은 어디서부터 왔습니까. 관리실에서 온 사람이 벽을
똑똑 두드리며 물었다. 관리 차원이지만 매우 아름다운 질문이라고 생각했다.

흐르는 눈물처럼 이런 질문들은 왜 여기서 뚝 그칠 수 없습니까. 물기를 따라 돌고 있던 사람이 슬픈 사람처럼 벽 쪽을 쳐다보며 말했다.

느닷없이 이렇게 흐르는 질문들은 우리가 관리할 수 없습니다. 물의 일이라 물과 물이 만나서 흐르는 물처럼……

그는 똑똑하게 관리를 잘하는 사람 같았다. 관리가 필요할 때마다 관리의 흐름을 아는 사람이었다.

이미 엎질러진 사람이 지혈이 잘 되지 않는 것처럼 이마에 맺힌 물기를 닦아낼 때 그는 우리가 모르는 일들이 벌어지고 있는 벽을 한 번 더 똑똑 두드려보고 갔다. 소리가 맑았지만 질문이 시작되고 있는 곳에서부터

얼룩이 번지고 있었다. 보기에 따라서 매우 아름답게 생긴 무늬였다.

관리를 받고 있다는 기분이 들었다.

해바라기

꿈을 묻는 사람에게
고개가 잘 돌아가지 않는다고
아침마다 거울 속에서
주근깨가 가득한 얼굴을 꺼내 보여주었다
해가 떴으니까
이제는 말해도 괜찮다는 사람 앞에서
검은 입을 가리고 노랗게 웃었다

밝아졌다고 둥근 게 훨씬 잘 어울린다고
말하는 사람들 앞에서
뒤통수가 뜨겁게 달아올랐다
누렇게 붙은 해가 떨어지지 않았다

까마득한 곳에서 내려갈 수 없었다

가정식

요리의 절반은 칼의 몫이야

장미꽃이 그려진
이 아름다운 칼은 당신이 내게 준 선물

분홍색 칼자루를 움켜쥔 채
오래 오래 죽어갈 것이라는 예언

칼날에 손이 베이자 붉은 꽃잎이 떨어졌다

칼등에서 흔들리던 꽃잎이
붉은 잔에 채워졌다

식탁이 완성되는 동안
당신이 가정식이 좋다고 속삭였다

이후

시계의 마음이 되어보려고

아무도 모르게
슬픔을 입에 물었다

초저녁잠이 들켜버린 것처럼
속눈썹이 떨렸다

이후의 슬픔에게 다가가
이전의 슬픔을 보여주었다

미지의 날들이 흘러갔다

제2부

그동안

 약속을 하지 않았다, 할 수도 있었는데 먼저 약속하는 사람이 되고 싶지 않아서 호주머니 속에 손을 넣고 있었다. 야속한 사람처럼 해는 지고 날이 어두워졌다, 무언가를 놓친 것처럼 벽에 박아놓은 압정이 흘러내렸다. 한쪽으로 기울어진 채 오랫동안 그때 그 시간에 그곳에는 없는 〈잘 지냅니까, 잘 지냅니다.〉 나는 흘러내리다가 그 자리에 박혀 내용이 먼저 되어버린 사람 같고 무심결에 약속을 이해한 사람 같았다. 그때부터 약속 그다음 약속 그다음 내용이 저절로 떠올라서 지키는 사람이 된 것 같았다.

동선

컵이 옮겨지는 방향으로
너와 개가 동시에 이동하고 있다

가늘고 연약한 실선을 따라
두루마리 휴지가 길게 풀어진다

조금 전의 생각이 무엇인지 뒤를 돌아본다
여기서부터 고개를 돌리면 앞으로 밀고 나갈 수 있나
생각은 사라지기 직전의 얼룩

손가락을 꺼내 유리창에 뭐라고 쓴다

정말?

  컵의 손잡이가 솔깃해진다 동선이 확장된다 화분 속의 고무나무 잎이 점점 더 두꺼워진다
  이야기가 시작돼도 모를 만큼 푸르고 어두운,

그것이 조금 전의 생각인가 그늘인가
햇빛이 닿을 때마다 유리창의 신경이 날카로워진다

옮기는 게 더 좋은가
대화를 위해서라면
아무것도 생각해낼 수 없도록

꽃은 한 칸씩 떨어질 텐데
얼룩은 지워질 텐데

너는 컵을 들고 있고 개는 꼬리를 흔든다
조금 전의 모습으로 이동한다

거기서부터 쓸쓸

혼자 다 뒤집어쓴 것처럼

쓰는 자는 너무 오래 쓰고 있다
너무 지나치게 그러고 있다

쓰는 자는

거기서부터 무언가 발생한다고 믿는다
거기서부터 무언가 시작된다고
거기서부터가 중요하다고 믿는다

거기서부터 곤경에 처한 자를
거기서부터 그러고 있는 자를

누가 와서 일깨워주지 않는다
거기서부터가 문제라고
거기서부터는 어쩔 수가 없다고
그냥 내버려둔다

거기서부터 그런 자는
어디에나 많고 어디에나 부족해서
그런 자의 시련은 항상

거기서부터 혼자 다녀오겠습니다
그렇게 말해놓고

아직까지 돌아오지 않는 자가 있다
거기가 거기까지인 줄 모르고
아직도 그런 일에 깊이깊이
관여하고 있는 자가 있었다

면의 산책

너에게는 나에게 없는 면이 있다
나는 너의 그런 면이 좋다

면과 면이 만나면
하나의 공간이 되겠지
우리는 팔짱을 끼고
새로운 면을 가진 사람처럼 걷는다

밤은 어둡고 가로등은 빛난다
강을 따라 걷는 사람들이 선분으로 지나갈 때
걸어간 길을 이어보면
x 혹은 y
여기에서 거기까지 혹은
모르는 곳에서 모르는 곳으로의 산책

어디에 도달하고 싶니 너는?
나는 아직 태어나지도 않은 점 같아서
뒤돌아서서 걸어본다

거꾸로 걸어도
오른발을 내밀면 왼발이
왼발을 내밀면 오른발이 따라오니까

나에게는 있고 너에게는 없는 면을
나는 말하지 않았다
다른 면이 생겨날 때마다
새로운 공간이 필요한 사람처럼

산책은 언제 어디서나 쭉 이어질 것 같았다

휴가

 드디어 우리는 떠났다 새로 생긴 고속도로를 타고 달렸다 국토의 일부를 관통하면서 내륙에서 내륙으로 전진했다 노래를 부르며 우리는 산악지대에 도착했다 국토의 소유지라고 쓰여 있는 아름다운 곳에서 짐을 풀고 쌀을 씻었다 가파르게 달려온 사람이 계속 오르막에 서서 내려다보고 있었다 이곳에서 뭔가를 결정을 해야 한다고 했다 밥물이 끓어 넘치고 국토가 점점 어두워지고 있었다 우리는 잠들지 못하고 국토에서 국토로 계속 전진했다 벗어나면 국토가 우리를 다시 빙 둘러쌌다 국토가 우리를 구덩이에 심고 발로 꼭꼭 밟아주었다 꽃피는 금수강산이라고 했다 영토의 안이라 안전은 충분히 보장될 것이라고 했다

연민

처음 보는 꽃 앞에서
손을 덥석 내밀거나 코를 킁킁거리는 사람에게

경계를 좀 해야 합니다, 라는 말을
재차 들려주었을 때

먼저 활짝 피어버린 사람이
뒤로 주춤주춤 물러서고 있었다

그렇게 흠칫 오므라들면 안 된다고
꽃들의 입술이 황급히 벌어지고 있었지만

억지로 떼놓은 것처럼
꽃과 사람의 얼굴이 다 붉어진 뒤였다

만나면 덥석 잡아주는 손이 귀해서
그 집의 덩굴손들은 모두 담장 밖으로 뻗어 있었다

최소한의 질문

배가 고팠다

밥집이 보이지 않고 빵집이 먼저 보였다

밥 대신 빵을 뜯으며
너는 요즘 시를 위해서 소설을 많이 읽고 있다고 말했다

구실을 하려면 무엇이든 먼저 든든하게 채워야지

나는 풀을 뜯어먹으면서도
계속 울고 있던 양을 생각했다

양들은 언제나 왜, 왜, 왜 하고 울었던 것 같고
울 때는 적어도 그래야만 한다고
최소한의 질문을 최대한 길게 되새김하는 양들

한 문장이 통째로 사라져버린 것처럼
늘 한 마리씩 모자라는 양을

너는 언제나 희고 깨끗한 칸을 채워보려는 사람처럼

왜 아직도 소설이 끝나지 않지
왜 이런 질문에선 똥냄새가 나지

왜, 왜, 왜
그렇게 시작되는 질문은 벌거숭이 메아리로 되돌아오고
양털 한 올 날리지 않고

들판의 표정으로 화창

개를 아십니까?

어디로 끌고 가시렵니까?

힘껏 달리는 개처럼
힘껏 쫓아가던 사람이
개의 얼굴에 얼굴을 묻고
컹컹, 짖는 건 자연스러운 일이다

사랑하니까
오후의 산책자가 되어
개와 개 사이의 간격을 늘이거나 줄여보는 것
좋은 일이다

이 세상에 개는 많고
나쁜 개도 많고
그런 개는 옳지 않다고
컹컹, 어제의 결심이
오늘의 목줄을 쥐고 달릴 때

착한 개가 되기 위해서
침을 흘리며 참는다

개를 인도하던 개가
혀를 빼물고 생각에 잠기던 개가
진정한 개의 자세로
먼 곳을 보고 컹컹

개를 아십니까?

거리에서 만난 사람처럼
그렇게 물어오는 사람은
개를 잘 모르는 사람이다

모르는 개들이 몰려와서 컹컹, 짖었는데
모두 잘 아는 개들이었다
꼬리를 흔들 줄 아는

목소리 A

바닥에 떨어지면서 컵이 산산조각이 났다

배울 점이 있다
빙빙 돌려서 말하려다가 정면으로 부딪힐 때
입술을 열고 반짝이는 게 있다

남아서 계속 주의를 요하는 게 있다
컵보다 먼저 손목을, 어리석음을, 날카로움을
긋는다는 것
진심을 다해 무찌른다는 것

여기 타이밍을 놓치지 않는 컵이 있다
용기에 대해서 조각조각 설명해보려다 아악!
부들부들 떨고 있는 손이 있다 수상한 움직임이 있다
부정이 있다 긍정이 있다

그러니까 말하려는 바가 도대체 무엇입니까,
다그치기도 전에

또랑또랑한 목소리로 사라진 컵이 있어서
이 근처는 뾰족하고 위험해 보이지만

분명하고 투명하다
다시 깨어나고 있는 것처럼
전과 후가 확연히 다른

상강

이해한다, 이해한다 그렇게 말하면서도
아무것도 이해하지 못한 사람처럼

혼자 남아서 풀밭의 범위를 그려보는 일
어디까지나 추측에 불과한 일

푸른 부분이 남아 있다고
세계를 지속하면 안 되겠느냐고 되물어볼 때

바깥이 생기면 질문들은
알 수 없는 넓이를 가지게 되겠지

괜찮다, 괜찮다 그러면서
마음이 아니라 순전히 마음이라 그러면서

누군가 앉았던 풀밭에서
넋두리로 자라는 풀이 되어 중얼거렸다

결혼식

시들지 않는 꽃을 주세요!

허공으로 떠오른 손들이
얼음 속으로 꽃다발을 던져 넣었다
입과 귀가 동시에 녹아내렸지만
영원한 리본이 속삭였다

아름다워요!
얼음 속에서 처음 나온 것처럼
누군가 휘파람을 불었고
누군가 돌아서서 눈물을 찍어냈다

불가능한 얼음처럼
붉은 입술과 검은 속눈썹이 흘러내렸다

사는 동안, 사라지는 동안
뜨거운 불이 발등에 떨어져서
오히려 추웠다

하나의 세계관을 가진 것처럼

그것은 하나의 분명한 형식이고

마지막 첨언처럼
우리는 떨어지는 것을 보고 있다
우리의 발치에 도착하는 것을 보고 있다

하고 싶은 말과 멈추고 싶은 말 사이
느린 템포로 돌아가는 입술

타오르는 말은 붉고
떨어지는 말은 노랗고

우리는 자작나무 숲에서 몇 개의 말을 줍는다
빈 나뭇가지를 올려보다가 고개를 숙인다

잠깐 묵념하는 사람이 되어
다시 빈손을 바라볼 때

이곳은 하나의 세계관을 가진 것처럼

고요하고 고요해서

고전에도 물들어버리는 혀가 있다

나의 두 번째 사람

태어나자마자 눈이 내렸다고 했다

흰색이 뭐라고
눈이 오면 우리는 흰색보다 더 크게 크게 고함을 질러댔다

흰색이 우리를 자꾸자꾸 밀어내니까
우리는 마지막으로 가출한 사람 같고
검은 발자국 위에 양초를 꽂는 사람 같고

머리카락이 녹고 눈썹이 녹고
마지막 남은 입술의 말로
하얀색을 지우며
우리는

오늘은 처음 태어나는 첫 번째 날
처음으로 고아가 되는 날

하늘 아래 나의 두 번째 사람이 서 있었다

기다리던 사람이 탄생했는데
다시 폭설이 시작되었다

해인사

저녁 종소리를 들어보려고 떠났다가

종소리에 갇혀 있었다
종소리에 얼어붙어 있었다

무언가를 깨트려보려고
종은 여러 번 나누어서 울어주었다

사람을 깨트리면 다시 사람이 튀어나왔다
사람은, 어쩔 수 없는 거라고

나는 발밑의 모래를 긁어서 낙서를 했다

금이 간 사람들을 데리고

종소리는 먼 곳까지 갔다가
소리를 다 죽인 후에야 돌아왔다

퍼렇게 녹이 슨 산이
하얗게 빈혈기가 도는 절 마당을 내려다보고 있었다

누구라도 텅 비어서
뼛소리가 안으로 사무칠 것 같았다

기러기

날개의 안쪽과 바깥쪽은 잘 부딪힙니다
타인과 타자는 따뜻하지 않습니다
창밖에서 없는 사람의 목소리가 들려옵니다

없는 사람에게 차가운 것에 대해
자세히 물어보려다가
가을이 오기도 전에 떠났다고 엽서를 썼습니다

굴종의 계절이 오면 더 깊어지는
기러기 눈빛

가끔씩 안녕,
내가 모르는 머―언 북국을 향해
손을 흔들어주었습니다

먼저 떠난 사람이 먼저 도착한 사람 같아서
연기를 피워 올렸습니다

무화과도 호두도 아닌

―이것은 무화과가 맞지요?
　아니오, 이것은 호두요.

당신은 호두처럼 대답하고
나는 어린 머리통을 쓰다듬는다

―이것을 그냥 무화과라고 부르면 안 될까요?
　아니오, 이것은 호두요.

나는 머리를 긁적이고
당신은 고개를 흔든다

―어째서 무화과는 물렁물렁 물러만 가고
　호두는 단단하게 여물어 가는 거요?

무화과도 호두도 아닌
이상하게 철이 들어가는 사람이 서 있었다

해변

해변의 여인이 되고 싶다,
가끔 그런 상상을 한다

내가 생각하는 것이
구체적으로 해변인지 여인인지 명확하진 않다
그냥 잠깐 밀려왔다 다시 밀려가는

해변의 여인이면 되는데
어쩌면 나는 해변도 여인도 아닌
해변과 여인의 조합을 더 사랑하는지도 모른다

해변의 곡선과 고독은 닮았다

해변을 생각하고 있는 한
나는 변두리에서 벗어나지 못한다

생각의 변두리
연인의 변두리

오늘의 변두리

아무도 모르는 해변으로 간다

해변의 중심은 언제나 해변
해변을 끼고 달리는 파도

여기 아름다운 굴곡이 있다
한참 밀려갔다 한참 밀려온 티가 나는

경주

떨어지는 꽃잎을 보고 있으면
눈으로 가만 가만
불을 만지고 있는 느낌

꽃!

데인 듯이 불러봐도
여전히 줄어들지도 늘어나지도 않는

화급

꽃 지는 나무 아래 있으면

알 것 같아?
응, 알 것 같아.

안으로 천길 불길을 거두어들이는
쇠의 기분

＞

끓어 넘치는 쇳물을 뒤집어쓰고
시커멓게 타버린 벚나무 수피 속으로
걸어 들어갈 때

목 짧은 단도처럼 흉금에 반짝이는,

그날 성급한 말을 담금질하려는 듯
불을 깎아내는 비가 내렸다

상황 A

    1층엔 충격기가 있대. 위급한 상황이 발생하면 즉각 우리의 심장을 강타할 준비가 되어 있대. 그러니까 충격을 믿으세요. 우리는 안심하고 시를 읽는다. 가급적 쿵쿵 충격을 주세요. 우리에게 귀하고 흔한 것을 뜨겁고 붉은 방을 먼저 주세요. 숨을 주세요. 창백한 불빛 아래 규칙적인 라임과 아름다운 박자를 주세요. 그러니까 이제 그만 충격을 믿으세요. 우리는 계속 시를 읽는다. 상황을 읽는다. 놀라지 마. 이 방에선 충격을 받을 수도 있다. 여기는 쿵쿵 노래가 흘러나오는 곳이야. 서른 개의 심장이 조용히 뛰고 있는 교실. 백지처럼 하얀 얼굴들이 모여 발생을 기다리고 있다.

제3부

순환선

어디에도 내리거나 타지 못할
무궁한 마음이었다

계속 돌아올 것 같은 계절이
계속 지나가고 있었다

초콜릿

숨어서 전하고 싶었지

얼굴 없는
전언들

침이 고이면 혼자가 아니라는
달콤함

어두운 상자 속에서 올리는 기도처럼
별 모양이나 하트 모양이 들어 있길
조마조마한 마음이 녹아버리지 않길

감춘 손을 내밀었을 때
입술 모양만 남아버린 얼룩들

누가 봐도 그건 어쩔 수 없어서
먹어, 어서 먹어
그렇게 진심으로 먹을 수 있다면*

속삭이는 말들을 혀로 핥아보다가
돌아서서 얼른 입술을 닦았다
검은 향유의 냄새를 들키고 싶어서
누가 찾아올 때까지
빛이 들지 않는 어두운 곳에 숨어 있었다

---

*페르난두 페소아.

미식회

계란을 삶습니다
조금 잔인하지 않습니까

물이 끓고 김이 오르고
두 손으로 얼굴을 가리면
흑흑, 흐느껴 우는

얇은 막 속의 표정들이 술렁거릴 때
당신은 반쯤이 좋다지만

누군가의 가슴팍을 향해
날것으로 날아가던
저 묘혈 속의 날개들

품을 수 없는
한 판이 가지런한 묘지 같습니다

삶는다는 것

아주 간단한 요리지만
그렇지 않습니까
표정들이 사라진다는 것
이젠 둥글고 뾰족한
자세로 넘어져도 울지 않아요
그렇게 말할 수 있다는 것

당신이 삶은 계란을 액세서리처럼
올려놓았을 때

다 완성되었습니까
오늘의 요리를 진행하는 사람이
젓가락을 든 채 물어보았다

목소리 a

—어떻게든 한 번은 정리를 해야 되겠습니다
가지치기를 하고 있는 사람에게
그 말을 듣고 말았을 때

내가 원하는 수형이 어떤 것인지
설명해야 하는데 사지가 다 사라진 후였다

—나는 결국 아무것도 정리하지 못했습니다
그 사람에게 다가갔는데
소음에 묻혀 그 말이 먼저 잘려나갔다

새로운 계획이 필요했다

반(半)의 마음

물이 우는 소리를 들었다
꽃이 웃는 소리를 들었다

우는 소리와 웃는 소리가
어디론가 함께 흘러가고 있었다

흰자위가 찰랑거릴 때마다
개망초처럼 조그맣게 울음을 터트렸는데
부은 발등이 꽃등 같았다

강에서 돌아오면
반만 웃고 반만 울자고
마른 눈썹을 깜빡거렸다

달력을 넘기면
길일과 흉일의 얼굴이 들어 있었다

염소의 들판

염소와 나 그렇게 둘만 있었다
둘이라서 혼자라는 생각이 들었다
염소는 자주 메에―
하고 울었다

염소와 나 둘뿐인데

이 들판의 중심이 무엇이냐
어두운 하늘이 구름을 밀치고 묻는 것 같았다
울타리가 있고 풀이 있고 나는
그 근처면 된다고 생각했다

어떻게 하시겠습니까? 메에―
볼을 실룩거리며 염소가 자꾸 묻는 것 같았다
어떻게든 되겠지요 메에―
애매하게 대답하면
억울한 것이 있는 것처럼
세찬 비가 퍼붓기 시작했다

어떻게든, 어떻게든 떠내려가지 않으려고
메에— 메에—
말뚝이 지켜보는 가운데
우리는 들판을 빙빙 돌았다
주인공이 된 것 같은데
들판에서 가장 먼 가장자리였다

풀보다 더 빨리 말뚝이 자라고 있었다

종교의 이해

종교를 잘 모르는데

어떤 사람에게서
종교나무에 대한 이야기를 들었을 때

아주 잠깐, 종교가 이해가 되었다

그늘 같은 침묵 같은 세월 같은
한 칼에 베어서
무엇이든 만들 수 있을 것 같았다

실용이라는 말을 떠올리면
잠시 목수가 된 기분이 들었고
그런 기분은 쓸모가 있어서
계속 유지하고 싶었다

아름다운 음성을 들어보려고 식물원으로
그 나무를 보러 갔을 때

옹이 진 사람의 손을 보았다
그 사람을 그대로 따라하면
어떤 결이 생길 것 같고

바람이 불때마다
두 손을 나뭇잎처럼 모으고 있으면
기도하는 기분이 들었다

그것이면 충분할 것 같았다

무밭

 무밭 앞에서 아는 사람이 간수를 오래 뺐다는 소금을 나누어주었다 무슨 생각인지 못가의 갈대들이 숙인 고개를 자꾸 흔들었다 제대로 된 소금을 가졌구나, 우리는 매우 기뻐했다 털어 넣은 소금이 입속에서 녹고 있었는데 무밭은 지나치게 조용하고 겁 없이 푸르기만 하고 무들은 이미 풋것을 넘어서고 있었다 시험하듯 푸른 머리채를 쥐고 흔들어 보았지만 무들은 한결같이 명백했다 믿을 만한 소금이라는데 우리는 덜 자란 주먹을 쥐고 무밭을 돌아 나왔다 무질서하게 굴러다니는 낙엽들 사이 숨은 그림처럼 누가 누구를 부르는 소리에 주말 같은 건 너울너울 건너가도 좋겠다고 서로 숙인 고개를 끄덕거렸다

이끼

푸른 얼룩은 아무리 닦아도 지워지지 않아

죽지 않고 꽃피는 법을 모르니까

어머니, 슬픔을 이렇게 가질 순 없겠어요
애야, 뿌리에서 도망칠 수 있는 법을 배우렴

악착과 애착을 삐라처럼 뿌리며 들은 말

물기를 모아 조금씩 걸어가는
우듬지보다 더 먼 집

함부로 드러낼 수 없는 치부 때문에

살아있다는 증표로
바위의 넓이만큼 슬픔이 자랐다

커튼콜처럼

 다시 무대가 열리고 있네, 검은 휘장 속에서 네가 걸어 나오고 있네 온갖으로 오고 있네, 온갖이라는 말이 폭죽처럼 쏟아져 내리네 많고 많은 온갖, 온갖은 사방팔방에서 오네, 온갖은 붉게붉게 물들면서 오네 온갖이 지문처럼 스미네, 번지네, 눈동자마다 온갖이 또록또록 새겨지고 있네

 온갖이 나를 불러내고 있네
 밤의 강보에 싸인 나를, 재촉하네, 손짓하네
 어둠의 탯줄이 화들짝 떨어지네, 배냇짓 같은 꿈들이 울음을 터트리네
 신생아처럼 눈을 떠보네, 두근두근 온갖이 내게로 오고 있네, 내가 온갖의 품에 안겨 있네, 가슴이 뛰네

 시렁 위에 얹힌 아침을 꺼내 신어보네, 태양이 붉은 머리칼을 땋아 내리네, 금방 구운 빵처럼 내가 부풀어 오르네, 나뭇잎이 살랑거리네, 어항 속 물고기들처럼 바쁘네, 시계가 뻐꾸기처럼 우네, 냄비가 정열적으로 끓어오르네, 자작자작 내가 졸아드네, 다시 당신을 연주하고 싶어지네, 온갖의 리듬, 온갖

의 박자에 맞춰 나무처럼 춤추고 싶네, 풀처럼 웃고 싶네, 새처럼 떠들고 싶네, 동쪽에서 서쪽으로 주―욱, 밑줄을 그어 보네

   그러나

   동이 틀 때는 문득
   쓸쓸한 그림자

홀로 잠입한 짐승처럼 내가 있네, 네가 있네
온갖의 밀림 속을 혼자 걸어가네
오래된 조명처럼 햇빛이 머리 위를 비추네
앙코르처럼 내가 불려 나가네, 네가 내가 있네

주인공

떠오르는 사람이 없어?
인물이 그렇게도 없어?

누군가 물어올 때

고개를 푹 숙이고
고민 끝에 나는 인물과 멀어진 사람 같고
처음부터 시작되고 있는 결말 같아서

누구에게는 누구밖에 없다는 말과 함께
나는 영원히 떠오르지 않고
나는 영원히 기다리는 사람 같고

너는 아직 변한 게 하나도 없구나
그런 말을 들을 때마다 가라앉아서
누구라도 떠오르기만 한다면
저는 상관없습니다, 이 말을 하려는데

거기서 이야기가 끝나가고 있었다

누구시더라, 누군지 잘……
도로 누구세요, 라고 묻고 싶어서 속으로
제가 누구누구입니다
나밖에 없는 나입니다

그렇게 말하면 주인공이 된 것 같았다
쓸쓸하고 외로운

야채가게에 갑니다

 오늘은 시들시들 부활하고 싶어서 야채가게에 간다 보들보들하고 야들야들한 것은 없나요? 죽은 몸에 물을 뿌리면 살아난다고 야채가게가 웃는다 노란 파프리카가 웃는다 빨간 피망이 웃는다 아프리카의 망령들이 웃는다 조금만 더 기절해 있을게 조금만 더 죽어있을게 집행관처럼 푸시시 꺼져가는 살을 꼬집어본다 흔들어본다 멱살을 잡고 고개를 들고 보들보들 야들야들 웃어야지 웃어라 너는 도대체 왜 안 웃는 거니? 누런 떡잎 아래 벌레 먹은 표정이 땀을 흘린다 송송 구멍 난 질문을 골라서 오늘의 바구니에 담아야지 단호박은 단호하고 양배추는 힘껏 오므릴 줄 안다 감자와 양파가 환부를 숨기며 웃는다 그래 웃어야지 웃자 제발 좀! 벌레처럼 꿈틀꿈틀 다시 태어나도 다시 갈 것 같은 야채가게에 갑니다 나는

후드티를 생각하는 계절

벽에 오래 걸어둔 옷처럼
호박오가리가 마르고 있었다

천천히 오그라들면서
다시 어떤 내색이 생기는 것

아름다워라
차라리 화색(和色)이라면,

점점 더 숨을 곳이 필요한 사람처럼
줄어든 마음을 펴기 위해서
비행운이 그려진 하늘을 쳐다보았다

다저녁때 후드티를 입은 사람이 지나갈 때

더 쓸쓸한 사람이
덜 쓸쓸한 사람처럼 보였다

전전과 긍긍

핫팩은 그곳에 도착하기 전에
잃어버리고 말았다

어떤 귀퉁이는
너무 오래 얼어 있어서
차가움이 더 뜨거웠다

식어버린 돌을 쥐고 가슴을 치던 주먹이
주먹을 쥐고 다시 부싯돌을 켜고 싶어 하던 가슴이

이것밖에 건넬 수 있는 것이 없다는 듯

호호 입김을 불면
하얗게 쏟아지는 얼음들

눈보라치는 날들이
쐐쐐 끓어올랐다
둥둥 떠내려갔다

뜨거운 물주전자를 들고 이리저리 옮겨 다니던
전전과 긍긍

껴안고 있던 것들이
가장 가까이에서 녹기 시작했을 때

미지근에 대해서 말해보려는데

마침내 닿을 수 있었던 것처럼
겨울의 끄트머리에서
돌들의 체온이 먼저 올라가고 있었다

울진 금강송

내부의 외부같이
어둡다가 밝다가 다시 어두워지며
밀교의 흔적이 어른대는 숲
내가 모르는 그늘이 더 있을 것 같다

이곳의 나무는 부러져도 옹이를 만들지 않는다고 했다

신앙을 가진 것처럼
팔을 벌리고 깊고 높은 나무를 우러러보았다

이대로 정지할 수 있을까
이대로 여기서 멈추고 싶어

까마득한 곳을 올려다보던 목소리가
나이테를 따라 흘러나오기 시작했다

빛과 그림자가 섞여 있는 탄식 같았다

그리스

모든 집들은 흰색이고
신들의 거주지처럼 사람들이 보이지 않았다
시작인데도 끝 같은 색
유추할 수 있는 게 없다는 것
현지인처럼 검은 안경을 끼고 돌아다니다가
하얗거나 밝은 빛에 부딪혀 멍이 들었다
더듬더듬 오래된 글자를 찾아 읽다가
바다가 보이는 언덕에 앉아 있으면
고대라는 말이 하얀 포말로 떠올랐다가 사라졌다
너를 생각하거나
나를 생각하는 일이
신의 일 같아서 까마득했다
돌을 깎아서 마음을 만들거나 기둥을 세운다고 해도
양식(樣式)이 되지 못할 거라고
검어지지도 못하고 흰빛으로만
바래어지는 것들이 있었다
모두 볼모가 되어서 오래 눌러앉은 색(色)이었다

시간은 모두 어디에 고여 있나

둥그런 테두리를 따라서 한 바퀴 빙 돌았을 뿐인데
돌아서 다시 제자리로 왔을 뿐인데

시간이라는 말 옆에 흐르다라는 말을 붙이면
어떤 생들은 기어코 완성될 조짐을 보인다

풀코스를 완주하고도 남아 있는 탄성으로
트랙을 도는 마라토너들처럼
빙글빙글 돌아가는 시간을 따라
한 바퀴 두 바퀴 빙빙 돌았을 뿐인데

나는 너에게로
너는 나에게로
돌아왔다 돌아갔을 뿐인데

손과 손이 스치듯 떨리는
보랏빛 초침 소리
손과 손이 포개어지듯 가지런한 정오의 희망들

금방 시들어버리던 풀꽃시계처럼
손목들은 모두 어디로 사라졌나

시계를 풀어놓고
시간을 잠깐 걸어두었을 뿐인데
다시 제자리로 돌아왔을 뿐인데

아프게 파고들던 손톱 밑의
시간들은 모두 어디로 흘러가서 고여 있나

건필을 빕니다

극복하기 위해서 매화가 폈다

활짝, 그쪽으로 다가가려고
가명을 쓰고 돌아다니는 꽃들이 많았다
거리에서 명함 돌리는 사람을 만나면
이름이 얇아서 추워 보였다

개명을 신청하고 돌아오는 길에 만난 사람들은 가급적 외면
그것은 제 꼬리를 보고 제가 놀라는
환절기 후유증

분홍은 소용없고 성실함은 싫은데
꽃나무는 꼬박꼬박

극복해야죠,
봄의 예명을 여러 개 받았으니 이제 그만 활짝

내내 건필을 빕니다

춘궁의 문자를 띄워 보낸다

전조현상처럼 본명이 떠올라
다시 빨간 발진이 돋기 시작했다

잊어버리라고 꽃이 떨어졌다

수국

식어버린 빨강에서 불꽃을 찾듯
보라만 보면 아픈 사람이

잉글리시 호른이나 갈대피리의 음향*을 낸다는
보라를 들여다볼 때

핏기 없이 파랗게 질려가는 얼굴로
꽃의 형태를 이루어 보려고 할 때

보라는 핀다, 분홍을 젖히고
그것은 이미 익숙해진 헛꽃들의 감정

경솔에 대해 생각해보지만

보라는 옳고

비로소 보라의 불치를 고백하는 사람이 되어

---

*칸딘스키, 예술에서의 정신적인 것에 대하여.

해설

다시, 사랑이 시작되기까지

이정현(문학평론가)

> 날개도 없는데
> 난해한 문장들이 자꾸 떠올랐다
> 그만 멈추고 싶었지만
> 그럴 수는 없었다
> ―「새는 어디에 있습니다」에서

1. 흔적, 아토포스의 언어

　모든 관계는 흔적을 남긴다. 그 흔적은 주로 언어와 장소에 남는다. 망각에 실패한 자의 언어는 유착된 기억으로 흔들리고 장소는 끊임없이 부재를 상기시킨다. 장소는 특정한 위치가 아니라 기억의 은유일 것이다. 기억 안에서 흔적은 집요하게 자각된다. 의지로 제어할 수 없다는 점에서 흔적은 잔인하다. 그래서 불균질한 기억은 "어떤 장소에 고정되지 않고 정체를 알 수 없으며 특정 지을 수 없는"(롤랑 바르트), 아토포스가 생성되는 곳이기도 하다. 거기에는 사랑하는 사람이 남긴 상혼이 가득하다. 당신은 떠났지만, '나'는 아직도 당신을 떠나보내지 못한 상태에 머문다. 변희수의 두 번째 시집 『거기서부터 사랑을 시작하겠습니다』는 그 흔적들을 기어이 마주하고 아파하는 아토포스의 언어들로 적힌 시집이다.

'나'는 "없는 새를 날려 보낼 수 있겠냐"고 묻는다. 체념과 탄식에서 비롯된 이 물음과 함께 "난해한 문장들"이 스쳐가고 "멈추고 싶지만 그럴 수 없는"(「새는 어디에 있습니까」) 방황의 나날들이 이어진다. 이제는 곁에 없지만, 여전히 부재로서 존재하는 그 사람을 계속 떠올리기 때문이다. 부재를 앓는 자에게 모든 사물과 풍경들은 부재를 재확인하는 통로가 된다. "나뭇잎들은 새들이 날개를 사용한 흔적"(「연연하면 연연하게 됩니다」)으로 보이고, 상자를 열 때마다 "입술이 열리는"(「상자의 뜻」) 것처럼 느낀다. 내리는 눈조차 말들이 쌓인 것이라는 시를 읽으면서 독자들은 아토포스에서 헤매는 자의 심각한 증상을 감지하게 된다.

> 녹지 않는 것이 사람이라고 말하려다가 그만 둔다 너는 얼음을 가졌고 나는 심장을 가졌다고 말하려다가 그만 둔다 어지럽게 뛰어다니는 저 개는 살아있다고 영혼에는 색깔이 있다고 말하려다가 그만 둔다
>
> 그만 둔 말이 하얗게 쌓이고 쌓여서 우리의 입을 틀어

막아 버릴 때
  드디어 한 뭉치 흰 눈이 될 때

  쌓이고 쌓인 말들은 어디로 던져야 하나요
  처음 말문이 터진 사람처럼 펄펄펄 눈은 내리고
  펄펄펄 끓어 넘치는 것이 있어서

  나는 말할 줄 아는 사람입니다 나는 이 말을 던질 줄 아는 사람입니다

  돌팔매를 던져도 피하지 않는 사람 앞에서
  퍽퍽, 차디찬 가슴에 박히는 것은 무엇인가요?
  불가능한 것을 물어보려다가
  차가워졌지만

나는 잘 녹지 않으니까 어쩐지 고약한 사람 같고
희고 성스러워 보이는 사람에게 다가가

눈이 부셔서 가장 먼저 녹는 사람입니까 물어보았는데
입김이 닿은 곳부터 녹아내리기 시작했다

뜨거운 침을 흘리는 개가 꼬리를 흔들었다

—「눈사람」 전문

언어는 발화자의 간절한 의도와는 달리 대상에 완전히 가닿지 못하고 휘어지고 미끄러진다. '나'가 타인의 언어를 수신할 때도 마찬가지다. 이 어긋남의 간극이 넓을수록 상처 또한 깊어진다. 닿지 못한 말이 늘어갈수록 자신의 말을 위한 어떤 자리도 찾지 못하는 역설도 반복된다. 견고하게 뭉친 눈덩이가 녹듯이 '나'의 언어는 점차 비어간다. 마음이 변할수록 '나'의 말들은 점차 자멸적인 나르시스의 언어로 전락한다. 대상을 잃은 언어가 자기 자신에게로 회귀하는 모습을 담은 시를 한 편 읽는다.

하루는 나라는 사람이 찾아왔는데 내가 찾아다니고 있다는 걸 다 아는 사람이었다 안면이 있는 사람에게 나를 들킨 게 부끄러웠다 그 사람은 그냥 서로 웃을 수 있지 않겠느냐고 그럴 수 있겠느냐고 물었다 나는 똑바로 볼 면목이 없어서 가끔 뒤돌아볼 수는 있겠다고 대답했다 무슨 이유지 모르지만 그 사람은 언젠가 내가 빌고 대신 울어줄 사람 같았다 그 사람은 눈을 감아도 사라지지 않으니까 무엇이든 숨기면 안 될 것 같았다 그 사람에게는 아무 말도 안 해도 되지만 아무 말이나 막 할 수는 없는 사람이었다 혼자 묻고 혼자 대답할 때마다 그 사람이 여전히 나를 찾아다니고 있다는 생각이 들었다 나를 너무 잘 아는 사람이 차라리 나에 대해서 전혀 모르는 사람이었으면 나에 대해서 글쎄, 라고 말하는 사람이었으면 했지만 그래도 한 사람이 있고 또 한 사람이 더 있다는 건 사람다운 것 같아서 좋았다 그 사람이 찾아오기 전에 내가 먼저 그 사람을 찾아갈 수도 있는 일이었다 충분히 그럴 수 있는 일이었다
―「또 한 사람」 전문

'나'는 페르소나와도 같은 '그 사람'을, "눈을 감아도 사라지지 않"고, "내가 빌고 대신 울어줄 사람"이라고 말한다. '나'를 찾아주고 달래주는 그 사람이 있어 다행이라는 동어반복은 자멸적인 나르시스 늪에서 힘겹게 빠져나오는 과정이 담겨 있어서 아프다. 수신자를 잃은 채 자기 자신에게 건네는 안부인사이기 때문이다. 공허한 언어의 늪과 일인극의 대화를 통과하면서 시집의 2부에 이르러 시인은 비로소 자신으로부터 거리를 확보한다. 그러나 이것이 고통과 슬픔을 관리할 줄 아는, 계산이 빠른 사람으로 거듭난 것을 의미하지는 않는다. '나'는 "이후의 슬픔에게 다가가/이전의 슬픔을 보여주었다"(「이후」)고 말하면서 부재에서 비롯된 슬픔을 기꺼이 감당하면서 미지의 날들을 견디겠다고 다짐한다. 견딤의 방식은 어긋난 마음으로 인한 고통과 미끄러진 언어의 층위를 외면하지 않고 기록한다는 행위로 이어진다. 언제나 그러하다. 쓰

는 자는 "너무 오래", "너무 지나치게" 쓴다. 그것 말고는 마음의 균열을 메울 방법이 없다. 쓰는 자는, "거기서부터 무언가 발생"하고 "거기서부터 무언가 시작"된다고 믿는다. 쓰는 작업은 어쩔 수 없이 홀로 지탱할 수밖에 없는 외로운 작업이다. 「거기서부터 쓸쓸」은 너무 오래, 너무 지나치게 쓸 수밖에 없게 된 자의 내면을 적나라하게 보여준다.

혼자 다 뒤집어쓴 것처럼

쓰는 자는 너무 오래 쓰고 있다
너무 지나치게 그러고 있다

쓰는 자는

거기서부터 무언가 발생한다고 믿는다
거기서부터 무언가 시작된다고
거기서부터가 중요하다고 믿는다

거기서부터 곤경에 처한 자를
거기서부터 그러고 있는 자를

누가 와서 일깨워주지 않는다

거기서부터가 문제라고

거기서부터는 어쩔 수가 없다고

그냥 내버려둔다
―「거기서부터 쓸쓸」 부분

2. 생의 통증에서 살아있음의 감각으로

'나'는 여전히 "하고 싶은 말"과 "멈추고 싶은 말 사이"(「하나의 세계관을 가진 것처럼」)를 오가지만 부재에 얽매어 있던 언어는 점차 확장된다. 주변의 사물과 풍경으로 더 나아가서 '너'까지. 미끄러지는 언어에 시달리던 '나'는 조금씩 사소한 틈을 발견한다. 그 틈은 유폐된 자의 내면에 생긴 균열이다. 이 균열은 은유를 통과하면서 넓어진다. '합일'을 꿈꾸면서 생긴 고통은 '차이'를 발견하면서 잦아들다가 마침내 고요해진다. 고통은 어쩔 수 없이 단독성의 산물이지만 숱한 은유를 통과하면서 고통의 단독성은 차츰 허물어진다.

그것은 하나의 분명한 형식이고

마지막 첨언처럼
우리는 떨어지는 것을 보고 있다

우리의 발치에 도착하는 것을 보고 있다

하고 싶은 말과 멈추고 싶은 말 사이
느린 템포로 돌아가는 입술

타오르는 말은 붉고
떨어지는 말은 노랗고

우리는 자작나무 숲에서 몇 개의 말을 줍는다
빈 나뭇가지를 올려보다가 고개를 숙인다

잠깐 묵념하는 사람이 되어
다시 빈손을 바라볼 때

이곳은 하나의 세계관을 가진 것처럼
고요하고 고요해서
고전에도 물들어버리는 혀가 있다
　　　―「하나의 세계관을 가진 것처럼」 전문

　마음과 언어의 어긋남과 그로 인한 부재를 예민하게 인식하던 '나'는 '하나의 세계관'을 말한다. 그 세계관은 언어가 '나'의 의도대로 수신자에게 전달되기를 염원하던 것과 다르다. 말과 말의 '사이'가 존재한다는 사실을 어렵게 인정한 이후에 찾아온 것은 어긋남의 소란스러움이 아니라 '고요'다. "기화하는 감정"(「후기」)과 "자기 팔로 자기를 껴안았던"(「자활」) 시간을 견딘 다음에야 찾아온 '고요'의 시간을 통과하면서 상투적이고 지리멸렬한 시간으로부터 도주하려는 '나'의 몸부림은 잦아든다. 그러면서 어긋남과 부정의 언어는 나직한 화해의 목소리로 진화한다. 언어와 마음의 어긋남을 뒤늦게 인정하면서 다름을 수긍하는 과정은 느리지만 지속적으로 진행된다. 여전히 "타인과 타자는 따뜻하지 않"지만 먼저 인사를 건네기에 이른다. 스스로에게 안부를 건네야만 했던 슬픔에서 벗어나기까지 '나'는 무수한 어긋남의 시간을 거쳐야만 했을 것이다.

> 날개의 안쪽과 바깥쪽은 잘 부딪힙니다
> 타인과 타자는 따뜻하지 않습니다
> 창밖에서 없는 사람의 목소리가 들려옵니다
>
> 없는 사람에게 차가운 것에 대해
> 자세히 물어보려다가
> 가을이 오기도 전에 떠났다고 엽서를 썼습니다
>
> 굴종의 계절이 오면 더 깊어지는

기러기 눈빛

가끔씩 안녕,
내가 모르는 머―언 북국을 향해
손을 흔들어주었습니다

먼저 떠난 사람이 먼저 도착한 사람 같아서
연기를 피워 올렸습니다

―「기러기」 전문

"어디에도 내리거나 타지 못할 무궁한 마음"(「순환선」)과 "얼굴 없는 전언"(「초콜릿」)들이 계속 머무르겠지만 '나'는 풍경과 사물에 사소한 은유를 덧씌우면서 엇갈림의 고통을 수긍한다. 이런 식이다. 삶은 계란을 보면서 "표정들이 사라지는" 아픔을 떠올리지만 동시에 "이제 둥글고 뾰족한 자세로 넘어져도 울지 않"(「미식회」)을 수 있다고 말한다. 강이 흐르는 소리는 더 이상 울음소리가 아니라 "우는 소리와 웃는 소리가 어디론가 함께 흘러가는"(「반(半)의 마음」) 것으로 듣는다. 하나씩 발견되는 생의 미세한 통증들을 감지하는 일은 살아있다는 감각의 확인으로 연결된다.

벽에 오래 걸어둔 옷처럼

호박오가리가 마르고 있었다

천천히 오그라들면서
다시 어떤 내색이 생기는 것

아름다워라
차라리 화색(和色)이라면,

점점 더 숨을 곳이 필요한 사람처럼
줄어든 마음을 펴기 위해서
비행운이 그려진 하늘을 쳐다보았다

다저녁때 후드티를 입은 사람이 지나갈 때

더 쓸쓸한 사람이
덜 쓸쓸한 사람처럼 보였다
—「후드티를 생각하는 계절」 전문

3. '거기'가 어디라고 해도

슬픔과 우울이 공존하고, 어긋날 수밖에 없는 언어의 한계를 인정하면서 '나'는 일방적인 고통에서 벗어나지만, 그렇다고 상처가 지워지진 않는다. 살아있음의 감각을 회복한 뒤에도 언어의 불협화음은 계속될 것이다. 사랑의 실패는 대개 사랑을 말하는 언어의 실패이기도 하다. '나'와 '너' 사이에 오가는 상투적이고 보편적인 언어는 마음을 아우르지 못하고 겉돌 것이고, 한때 견고했더라도 이내 녹아버리는 눈덩이처럼 절실한 고백의 언어도 결국은 공허한 울림으로 변질될지도 모른다. "껴안고 있던 것들이 가장 가까이에서 녹기 시작"(「전전과 긍긍」)한다는 진실을 알고 있는 것과 긍정하는 것 사이의 거리는 멀다. 삶이 지속되는 한 "빛과 그림자가 섞여 있는 탄식"(「울진 금강송」)도 반복될 것이다. 먼 그리스의 해안에서 발견한 것도 "흰빛으로만 바래지는", 소진될 운명을 피할 수 없는 마음이다.

> 모든 집들은 흰색이고
> 신들의 거주지처럼 사람들이 보이지 않았다
> 시작인데도 끝 같은 색
> 유추할 수 있는 게 없다는 것
> 현지인처럼 검은 안경을 끼고 돌아다니다가
> 하얗거나 밝은 빛에 부딪혀 멍이 들었다
> 더듬더듬 오래된 글자를 찾아 읽다가
> 바다가 보이는 언덕에 앉아 있으면

고대라는 말이 하얀 포말로 떠올랐다가 사라졌다
너를 생각하거나
나를 생각하는 일이
신의 일 같아서 까마득했다
돌을 깎아서 마음을 만들거나 기둥을 세운다고 해도
양식(樣式)이 되지 못할 거라고
검어지지도 못하고 흰빛으로만
바래어지는 것들이 있었다
모두 볼모가 되어서 오래 눌러앉은 색(色)이었다
―「그리스」 전문

  고통은 아무리 반복되어도 익숙해지지 않으리라. 그럼에도 '나'는 사랑의 가능성을 다시 타진한다. 다가올 어긋남과 전락을 예감하면서도 '나'는 다시 눈이 내리는 순간의 매혹을 향해 나아간다. 그것을 추동하는 힘은 무엇일까. 눈길이 머물렀던 시 「나의 두 번째 사람」을 마지막으로 읽는다. 이 시는 "입김이 닿은 곳부터 녹아내리기 시작"하는 것을 무력하게 지켜봐야 했던 슬픔이 담긴 1부의 시 「눈사람」과 나란히 붙여서 읽어야 한다. 이 시집을 「눈사람」과 「나의 두 번째 사람」 사이에 놓인 시집이라고 설명할 수도 있으리라. 눈이 온다. 두 사람이 있는 곳에 눈이 내리는 것이 아니라 '눈이 내렸던 곳'에 두 사람이 뒤늦게 도착한 것만 같다. '우리'―'나'가 아니라

'우리'—는 눈이 내리는 풍경에 도착한 그날을 "처음 태어나는 첫 번째 날"이자 "처음으로 고아가 된 날"이라고 명명한다. 어쩌면 그들이 있는 그곳은 바로 눈사람이 녹았던 곳일지도 모른다. 흰 눈을 보며 고함을 질러대는 '우리'들은 무모하게 다시 현재를 신봉한다. 바로 거기, 슬픔을 머물렀던 곳. 사랑의 끝과 시작이 맞닿은 곳. 시간이 지나고 계절이 바뀐 후에 또 다른 아토포스로 변할지도 모르는 곳. 바로 거기에서 다시 사랑을 시작하겠다고, 시인은 '나'의 입을 빌려 발화한다.

  태어나자마자 눈이 내렸다고 했다

  흰색이 뭐라고
  눈이 오면 우리는 흰색보다 더 크게 크게 고함을 질러댔
 다

  흰색이 우리를 자꾸자꾸 밀어내니까
  우리는 마지막으로 가출한 사람 같고
  검은 발자국 위에 양초를 꽂는 사람 같고

  머리카락이 녹고 눈썹이 녹고
  마지막 남은 입술의 말로
  하얀색을 지우며

우리는

오늘은 처음 태어나는 첫 번째 날
처음으로 고아가 되는 날

하늘 아래 나의 두 번째 사람이 서 있었다

기다리던 사람이 탄생했는데
다시 폭설이 시작되었다
—「나의 두 번째 사람」 전문

이 도서의 국립중앙도서관 출판시도서목록(CIP)은 서지정보유통지원시스템 홈페이지(http://seoji.nl.go.kr)와 국가자료공동목록시스템(http://www.nl.go.kr/kolisnet)에서 이용하실 수 있습니다.(CIP제어번호: CIP2020020300)

시인동네 시인선 128
거기서부터 사랑을 시작하겠습니다
ⓒ 변희수

초판 1쇄 발행	2020년 5월 29일
초판 2쇄 발행	2020년 10월 13일
지은이	변희수
펴낸이	고영
책임편집	이리영
디자인	헤이존
펴낸곳	문학의전당
출판등록	제448-251002012000043호
주소	충북 단양군 적성면 도곡파랑로 178
전화	043-421-1977
전자우편	sbpoem@naver.com

ISBN 979-11-5896-466-5 03810

* 이 책의 판권은 지은이와 문학의전당에 있습니다.
* 양측의 서면 동의 없는 무단 전재 및 복제를 금합니다.
* 잘못 만들어진 책은 바꿔드립니다.
* 이 시집은 2018년 아르코문학창작기금을 지원받아 제작되었습니다.
* 이 시집은 〈2020 문학나눔 도서보급사업〉에 선정되었습니다.